Visage de Cahors
Poutre extérieure

Onze femmes et la star

Pièce de théâtre destinée aux troupes de onze comédiennes

Du même auteur*

Certaines œuvres sont connues sous différents titres.

Romans

Le Roman de la révolution numérique
Ils ne sont pas intervenus (Peut-être un roman autobiographique)
La Faute à Souchon
Quand les familles sans toit sont entrées dans les maisons fermées
Liberté j'ignorais tant de Toi
Viré, viré, viré, même viré du Rmi !

Théâtre

Neuf femmes et la star
Les secrets de maître Pierre, notaire de campagne
Ça magouille aux assurances
Chanteur, écrivain : même cirque
Deux sœurs et un contrôle fiscal
Amour, sud et chansons
Pourquoi est-il venu :
Aventures d'écrivains régionaux
Avant les élections présidentielles
Scènes de campagne, scènes du Quercy
Blaise Pascal serait webmaster
Trois femmes et un Amour
J'avais 25 ans
« Révélations » sur « les apparitions d'Astaffort » Brel Cabrel

Théâtre pour troupes d'enfants

La fille aux 200 doudous
Les filles en profitent
Révélations sur la disparition du père Noël
Le lion l'autruche et le renard,
Mertilou prépare l'été

* extrait du catalogue, voir page 53

Stéphane Ternoise

Onze femmes et la star

Pièce de théâtre destinée aux troupes de onze comédiennes

Sortie numérique : 23 novembre 2011

Édition revue en 2014.

Disponible en numérique et en papier.

Jean-Luc PETIT Editeur - collection Théâtre

Stéphane Ternoise versant dramaturge :

http://www.dramaturge.fr

Tout simplement et logiquement !

Site officiel : http://www.ecrivain.pro

Stéphane Ternoise

Onze femmes et la star

Comédie contemporaine en trois actes

Distribution : onze femmes

Sujet : sept ravissantes femmes lauréates d'un concours leur offrant 24 heures avec leur idole, le chanteur Antonin K.
Secrétaire de l'association organisatrice, Odette, un peu gaffeuse même à jeun, les accueille.
Arrivées programmées à la file indienne. Mais l'idole est en retard… Odette improvise, l'alcool délie les langues : show-biz comme Antonin, la réalité diffère grandement de la mise en scène médiatique…

Décor : une belle salle de réception, avec table longue ornée de fleurs, un bureau, des fauteuils, des chaises, un canapé garni de coussins ornés d'un A majuscule, trois portes, deux fenêtres dont l'une près de la porte d'entrée, une guitare sèche suspendue au mur (au-dessus du canapé)…

Personnages :

Odette : hôtesse d'accueil, la quarantaine.

Les lauréates (25 à 35 ans) par ordre d'arrivée programmé :
Aurélie, Brigitte, Cécile, Delphine, Emilie, Françoise, Géraldine : très distinguées, vêtues avec goût, arriveront avec un petit bagage.

La fan 1 : la quarantaine, apparence très à l'opposée des lauréates.
La fan 2 : la soixantaine, fatiguée mais avec une certaine élégance.

Clara : sœur aînée d'Odette.

Le chanteur moustachu et vieillissant, Antonin K, la soixantaine, ne viendra pas.

Acte 1

Odette seule dans la salle de réception. Elle marche de long en large, tout en regardant sa montre, inquiète.

Odette, *en arpentant la scène* : - Je ne marche pas par nécessité. Mais ça me calme ! Calme-toi Odette, puisque tu marches ! Tu fais tout ce qu'il faut pour recouvrer ton légendaire calme. Respire ! (*elle respire profondément*) Oui, avec le ventre, c'est bien… Zen… (*elle continue en silence à marcher, inspirer et expirer profondément.*) La première va arriver… Elle va arriver, j'en suis certaine… Tout va encore foirer et ça va retomber sur qui ? Sur ma tronche comme d'habitude… Je ne me suis quand même pas trompée de jour ? (*elle prend une chemise sur le bureau, l'ouvre…*) Ce serait une belle histoire à raconter ! (*elle sourit)* Odette panique mais elle s'était emmêlée les puceaux (*se frappe la tête*) (*précision de l'auteur : ce lapsus peut être retiré lors de certaines représentations, comme d'autres lapsus, si jugés incompatibles avec le public*), les pinceaux, les dates quoi !… Non, c'est bien aujourd'hui… L'arnaqueur de fleuriste a livré ce matin, donc le Jour J a enfin sonné !… J comme jouissons. Et la première va arriver. (*silence*) Mais qu'est-ce qu'il veut se prouver ! Il a tout : l'argent, la gloire, sept résidences secondaires, deux Porsche, une Ferrari, un 4**x**4, des vignes, des autruches, des amantes, des bisons, des enfants. Comme elles sont belles ses filles ! Pauvres petites filles riches, va ! Comme ça doit être invivable, fille de star !… Pratique, génial, inespéré. Mais invivable après 14 ans !… Le fou ! Tout ça à cause de quelques rides ! Qu'est-ce qu'il croyait ! Un jour, même la chirurgie esthétique ne peut plus rien ! Et de l'autre, qui s'amuse, avec ses parodies. Quel impertinent ! Mais comme c'est drôle ! (*elle éclate de rire*) Après tout, je m'en fous si tout foire. Pierre qui roule n'amasse pas mousse ! (*elle lance la chemise sur le bureau ; peu importe si elle n'atteint pas sa cible*) Odette philosophe, parfaitement (*elle se vautre dans le canapé*) Si j'étais star, je crois que, moi aussi, j'aurais des caprices de star. (*de sa main droite elle mime un éventail*) Mais pas sept !

On Sonne.

Odette : - Oh peuchère ! Enfin ! Il a fini de se maquiller ! Oh ! Les lumières !...

Elle se lève, se précipite sur les interrupteurs – après quelques essais transforme la pièce, qui devient très intimiste – et fonce vers la porte, s'arrête, souffle profondément, ouvre, s'apprête à sauter au cou de son idole (même si elle est salariée de « l'association », elle reste très fan)... C'est Aurélie... Odette s'arrête net.

Aurélie, *un petit sac à la main, surprise* : - Je suis la première ? Suis-je un peu trop en avance ?
Odette, *se reprenant* : - Entrez, entrez, Aurélie.
Aurélie : - Comme vous connaissez mon prénom, je suis à la bonne adresse (*elle observe le décor, qu'elle doit juger très... intimiste*).
Odette : - Entrez, entrez, Aurélie. Antonin devrait être là, il a... un léger retard.
Aurélie : - Ah, je comprends, c'est lui que vous vous apprêtiez à accueillir d'une manière aussi fougueuse !
Odette : - Mais non, mais non... J'ai glissé.
Aurélie, *en souriant* : - Et je suis la première ?
Odette : - Naturellement... Je veux dire, vous pouvez le constater.

Odette referme la porte.

Aurélie : - Oh ! La première guitare !

Odette : - Ce n'est même pas vrai !... (*se reprenant*) Oui, la première guitare d'Antonin (*comme si elle récitait*) sur laquelle, seul dans son jardin, à l'ombre des figuiers, il a composé ses premiers succès.

Aurélie : - Oh ! Comme c'est touchant de la voir en vrai.

Odette : - Je vais le rappeler... (*elle sort son portable d'une poche et appelle ; à Aurélie* :) C'est toujours son répondeur. C'est son répondeur depuis une heure. Je l'ai bien déjà appelé dix-neuf fois (*elle range son portable*).

Aurélie : - J'espère qu'il ne lui est rien arrivé de grave ! Ce serait trop bête ! J'ai tellement rêvé de cet instant ! Rencontrer Antonin ! Pouvoir lui parler comme je vous parle...

Odette : - Parler, parler, ce n'est pas son fort, à l'Antonin !

Aurélie : - Pourtant, à la télé, il a toujours l'air tellement à l'aise, et si calme, si souriant...

Odette : - Avec un prompteur, tout le monde serait comme lui ! (*face au regard interloqué d'Aurélie, Odette réalise qu'elle s'exprime devant une lauréate*) Mais non ! Je plaisante ! Nous sommes dans le sud-ouest ici, nous avons la galéjade facile.

Aurélie : - Je croyais que la galéjade, se pratiquait uniquement du côté de Marseille.

Odette : - Naturellement... ce qui signifie : ici gasconnades.

Aurélie : - Gasconnade, Gascogne, Gascon, c'est donc vrai : le caractère des Gascons était très haut en couleur ? C'était bien au temps de la langue d'Oc ? Après l'empire romain ?

Odette : - Je suis là pour vous accueillir. L'office de tourisme, c'est à côté... Je vous le susurre sans m'énerver : la Garonne nous irrigue, donc nous avons la plaisanterie facile. Comme vous débarquez de Paris, vous ne comprendrez pas toujours !

Aurélie : - Je suis de Châteauroux.

Odette : - Je le sais parfaitement, 28 ter rue Romanette Boutou. Mais pour nous, au-dessus de Brive la Gaillarde on grelotte, c'est le pôle Nord.

Aurélie : - C'est une gasconnade !

Odette : - Vous comprenez vite… J'allais ajouter pour une parisienne ! Je vous bouscule un peu, c'est juste pour noyer mon anxiété ! Je noie mon anxiété dans la Garonne ! Je vous l'avoue sans chinois, sans chichis même : je ne comprends pas pourquoi Antonin n'est pas à ma place et moi derrière la caméra.

Aurélie : - La caméra ?

Odette : - Euh… Oui pour vous offrir la cassette de votre rencontre.

Aurélie : - Ah ! Quelle délicatesse !… Comme c'est touchant. Et vous travaillez depuis longtemps avec Antonin ?… Je me permets d'utiliser ainsi son prénom : sur son courrier si poétique, il notait : « Appelez-moi Antonin quand nous aurons la chance d'enfin croiser nos regards. »

Odette : - C'est plus intime. Antonin avec un A comme Amour ! Antonin l'entrée des câlins ! C'est toujours mieux que son véritable prénom ! Les parents sont parfois fous !

Aurélie : - Comment ? Antonin est un pseudonyme ?

Odette : - Quel indice vous induit ainsi en erreur ?

Aurélie : - Vous !… Pourtant j'ai lu toutes ses biographies et pas une ne signale un pseudonyme.

Odette : - Il faudra vous y habituer ! Ici on cause avec des images.

Aurélie : - La terre du grand poète.

Odette : - Comme recopient les journalistes !

Aurélie : - Comme je suis heureuse d'être ici ! Devant la porte, durant les quelques secondes du sourire de la prise

de conscience du rêve devenant réalité, je me demandais si l'idole de ma vie allait m'ouvrir. Comme j'aurais été intimidée !
Odette : - Il doit encore traîner des moustaches dans le bureau. Tu veux que je les mette ?
Aurélie : - C'est une gasconnade ?
Odette : - On est dans le show-biz ici, après cinq minutes on se tutoie, après sept on s'embrasse sur la bouche.

Aurélie se recule.

Odette : - C'est une des célèbres répliques de notre poète bancal ! Local ! Les aphorismes du moustachu ! Il devrait être là, nous voguons à vue, nous sommes en totale improvisation. Je sens venir le paranormal ! Et je n'aime pas ça ! (*elle ressort de sa poche son portable et le rappelle*). Toujours la boîte vocale. « Antonin, la première lauréate est impatiente de te voir en chair et en os. Et plus si affinités. » (*elle pose son portable sur la table*)
Aurélie : - Encore une gasconnade !
Odette : - Déformation professionnelle !

On sonne.

Aurélie : - Oh !
Odette : - Ne rêvez pas, je n'ai pas refermé à clé ! Quand il est en retard, avant de sonner, Antonin tourne toujours la poignée pour entrer discrètement, avec son petit air d'enfant de chœur pris en faute avec le verre de vin blanc de monsieur le curé aux lèvres et les joues rouges !
Aurélie : - Ah !
Odette : - Ma mère l'a vu enfant de chœur, c'était en… (*se reprenant*) Je vous parie que c'est Brigitte, 42 rue Pasteur, une de vos co-lauréates.
Aurélie : - Vous êtes voyante ?
Odette : - Les gasconnades de Châteauroux, c'est comme un Antonin sans mouche.

Aurélie : - Sans mouche !?

Odette : - Un Antonin sans moustaches (*elle mime les moustaches sous son nez*), je m'exprime pourtant clairement !

Odette va à la porte, ouvre.

Odette : - Bonjour Brigitte.

Brigitte : - Je suis en avance... Je serais venue à pied pour voir Antonin…

Odette : - Y'a pas de quoi !… Euh, je vous comprends.

Odette referme.

Aurélie : - J'en suis certaine : vous n'habitez pas Valenciennes !

Brigitte : - Vous m'avez devancée ! Je pensais être la première avec quinze minutes d'avance…

Odette : - Les présentations : Aurélie, première arrivée.

Brigitte : - Enchantée.

Aurélie : - En chansons... Je m'entraîne… Il paraît que nous sommes au pays des gasconnades !

Odette : - Et la gasconnadière en chef, Odette, chargée par le maître d'improviser quand la pendule ne tourne pas rond.

Brigitte : - Et c'est le cas ?

Odette : - La centrale nucléaire détraque nos pendules.

Aurélie, *à Brigitte* : - C'est un message codé ; Odette, pourriez-vous traduire, nous n'avons pas grandi dans l'ombre du maître.

Odette : - Je répète une dernière fois : Antonin devrait être là…

Aurélie : - Et il est ailleurs !

Brigitte : - Et personne ne connaît cet ailleurs ?

Odette : - Qui sait avec lui !

Brigitte : - Oh ! La première guitare ! (*elle s'approche du canapé*)

On sonne !

Odette : - Je n'ai pas refermé à clé !
Aurélie : - Si ce n'est lui, c'est donc une autre.
Brigitte : - Et pourquoi donc, ne serait-ce pas lui ?
Odette : - Transmettez le savoir Aurélie, je suis postière, portière !
Aurélie : - Parce qu'Antonin appuie toujours sur la poignée avant de sonner depuis qu'il a été surpris par Odette à boire le vin rouge de monsieur le curé, et Odette enferme les bouteilles à clé…
Odette : - Mais tu mélanges tout !
Aurélie : - Je crois que cette histoire me perturbe !
Brigitte : - Je n'ai rien compris. Vous êtes surréaliste tendance André Breton ?
Aurélie : - Je suis réaliste tendance *Psychologies Magazine*. Avec même un peu de Prozac quand ça chauffe trop.

> *Odette ouvre : deux femmes entrent rapidement, d'abord la plus jeune, très nerveuse, avec un appareil photo en main. Son aînée avec un léger sourire.*

La fan 1, *très nerveuse* : - Bonjour, bonjour, je suis venue pour les rencontres.
Odette : - Vous n'avez pas été convoquée, mademoiselle.
La fan 1 : - C'est bien aujourd'hui, c'est bien ici les lauréats du concours. J'ai participé.
Odette : - Mais vous n'avez pas eu la chance de gagner !
La fan 1 : - On m'a dit qu'il fallait venir aujourd'hui.
Odette : - Qui est donc ce cher et brave « on » ?
La fan 1 : - C'est écrit dans le journal que c'est aujourd'hui.
Odette : - Mais personne ne vous a demandé de venir.

La fan 2 : - Laisse tomber, petite, tu vois bien que madame veut être aimable mais n'en pense pas moins.
La fan 1 : - Oh la première guitare ! Oh comme elle est belle !
Odette : - Ce n'est pas pour vous qu'elle est là, chère madame. Ma patience a des limites.

Les lauréates observent la scène en souriant.
Odette va chercher son portable sur la table. La fan 1 en profite pour avancer timidement en jetant des regards admiratifs.

La fan 1 : - Je suis une vraie fan.
La fan 2 : - Laisse tomber, petite, tu vois bien que ce n'est pas pour nous, tout cela (*avec un regard un peu ironique*).
Odette, *en se retournant* : - Je vous prie de quitter immédiatement cette salle privée.
La fan 1 : - Je voudrais juste une photo, monsieur Antonin et moi, soyez sympa, j'ai parié avec les copines. On n'arrive jamais à entrer dans les loges après les concerts. Je voudrais embrasser Antonin, c'est mon rêve. J'ai fait trois cents kilomètres, soyez sympa.
Odette : - Je compte donc jusqu'à trois. Et comme les gendarmes sont juste à côté, dans deux minutes, si vous êtes encore ici, ils vont vous placer vingt-quatre heures en observation, prévention, et même préventive ! Ce serait dommage, vous en conviendrez ? Madame, qui m'avez l'air raisonnable...
La fan 2 : - Laisse tomber, petite, elle ne fera pas de problème, elle voulait juste voir le monsieur.
La fan 1 : - Je voudrais juste faire une photo avec Antonin. Je n'ai pas de mauvaises intentions. Je suis une vraie fan.
Odette : - Attendez dehors et vous le verrez arriver.
La fan 1 : - Ne vous moquez pas de moi, je suis certaine qu'ici c'est comme une zone militaire, vous avez au moins cinq entrées et sûrement même des souterrains.

La fan 2 : - Laisse tomber, petite, on va aller se prendre un truc qui rend moins con et les laisser organiser leur petite fête...

Odette : - Antonin a laissé une photo dédicacée, je vais vous la chercher seulement si vous me promettez qu'ensuite je ne serai pas obligée de déranger la gendarmerie.

La fan 1 : - Promis, promis, je dirai aux copines que mon appareil s'est bloqué. C'est une bonne idée, vous ne trouvez pas ?

Odette : - Excellente !

La fan 1, *se retournant vers son amie* : - On leur dira ça, tu raconteras pas comment on s'est fait jeter, d'accord ?

La fan 2 : - T'inquiète pas, petite, de toute manière personne n'est dupe de leur cinéma. Je te raconterai... Je l'ai connu, leur *biz-show*… des années.. En ce temps-là madame m'aurait prié de m'installer dans ce canapé… (*de plus en plus narquoise*) de prendre un verre qui égaye… Je n'ai pas besoin de rester pour savoir comment ça va finir, leur petite comédie du grand chanteur… ça ne change pas un homme, ça dérive...

Odette qui ne sait que répondre à la fan 2, lui lance un regard de travers, va au bureau, ouvre un tiroir, en sort une photo... pendant ce temps la fan 1 en profite pour photographier la guitare.

Odette : - Tenez, chère madame (*elle tend la photo à la fan 1 mais jette de nouveau un regard biaisé à son aînée... qui tient tête à ce regard... avec toujours un petit sourire narquois... Odette baisse soudain les yeux*)

La fan 1 : - Oh merci, merci chère madame. (*elle va vers la porte, en tenant dans les mains cette photo, la fixant comme une image sainte, ne s'apercevant pas de ce qui se passe entre Odette et son aînée*)

La fan 2 : - Hé oui... Avec le temps, on oublie les visages mais pas les regards...

La fan 1 sort... Silence.

Odette : - Merci...

La fan 2 se retourne pour sortir... Et finalement reprend sa position face à Odette... Mais regarde les lauréates...

La fan 2 : - Soyez prudentes, mesdames... Les stars pensent parfois que les femmes sont à leur service... Madame se souvient très bien de moi... Elle aurait pu me recevoir autrement...

Silence. Elle sort

Odette, *refermant la porte à clé, pour elle* : - Mon Dieu ! Mon Dieu ! Ses yeux me suivront jusqu'en enfant ! Enfer ! Mon Dieu ! (*elle fouille dans ses poches, y prend des pilules les avale les yeux fermés... silence... elle rouvre les yeux... respire profondément... aux lauréates :*) Il ne s'est rien passé !

On sonne.

Odette : - Oh non ! (*elle écarte le rideau de la fenêtre et regarde dehors... Ouvre*) Encore, déjà ! Mais vous êtes toutes en avance !

Entrent Delphine et Emilie.

Delphine : - Nous y sommes enfin !
Odette : - Mais oui, bonjour Delphine, bonjour Emilie…
Delphine : - Bonjour…
Odette : - Odette, Odette avec un O et quelques dettes… Rassurez-vous, j'ai une éponge qui les récure !… Les absorbe !

Toutes la regardent sans comprendre.

Odette : - J'ai une relation qui les éponge, si vous ne comprenez pas les raccourcis. Delphine et Emilie qui arrivent avant Cécile, décidément tout part de travers.

Aurélie : - Les chemins de travers.

Emilie : - Bonjour Odette.

Odette, *en les montrant* : - Je vous présente Aurélie et Brigitte, faites comme chez vous. Antonin devrait être là mais j'ignore où il est… Demandez des informations, racontez votre voyage, des blagues, montrez-vous les photos de vos enfants, vos vacances, vos amants, Odette est débordée, déboussolée, déstabilisée, déprimée et Aurélie, au lieu de m'aider, mélange tout. Elle aurait dû s'appeler Zélie ! Je n'en peux plus ! (*Odette prend dans une autre poche une nouvelle pilule, hésite*) C'est un cas de force majeure, sinon je vais péter un plomb ! (*elle l'avale*) Ha ! Je me sens déjà mieux ! Cool ! Le show-biz a quand même de bons côtés ! Défonce majeure ! Chaud !

Aurélie et Brigitte l'observent avec désapprobation, tandis que Delphine et Emilie posent leurs sacs dans un coin sans y prêter attention.

Delphine : - Oh ! La première guitare…

Emilie : - Je te donne ma place si elle est vraie !

Delphine : - Ta place !

Emilie : - On en reparlera demain !

Delphine : - Tu vas finir par m'inquiéter…

Odette *plane, pour elle* : - Peace and Love ! Champagne !… Mais ça ne dure jamais, je sais, je suis lucide même dans mon aéroplane blindé. J'en ai trop ingurgitées. Une vie de défonce ou une vie où l'on s'enfonce jusqu'au cou dans le fossé ? Même si j'avais eu le choix, si l'Antonin ne m'avait pas embarquée dans son délire, j'aurais choisi le soleil artificiel (*le regard de plus en plus vague*). Comment peuvent-elles supporter la grisaille ? Je vous pardonne, vous ne pouvez pas comprendre, vous ne devez jamais savoir…

Delphine, *en se retournant* : - Je vais tout vous raconter ! Quelle coïncidence ! Nous étions dans le même train ! Tout d'un coup, je me lève, j'étais trop nerveuse, il fallait que je me dégourdisse les jambes, et qu'est-ce que j'aperçois au poignet de cette ravissante personne ? Je vais vous le dire : un bracelet en argent ! Et pas n'importe quel bracelet en argent, un bracelet en argent identique à celui cause d'une émotion digne d'un premier amour, quand je l'ai découvert dans la lettre.

Toutes soulèvent leur main gauche pour montrer leur bracelet et rient. Odette a le même et rit encore plus fort. Elle soulève le bord de son pantalon droit pour montrer qu'elle en a un également à la cheville.

Brigitte : - Moi, quand je l'ai vu, j'ai failli m'évanouir.
Aurélie : - Au pays de la gasconnade, tu aurais dû t'exclamer « *Il a fallu une heure aux pompiers pour me réanimer...* » Oui, je te tutoie, car j'ai retenu la première leçon d'Odette « *Après cinq minutes, on se tutoie...* »
Odette, *qui plane* : - Tutoyez-vous, aimez-vous les unes les autres. Et adoptez des enfants si… si je chante faux.
Delphine : - Donc on va toutes se tutoyer, puisque nous sommes dans le même bateau *(Odette, sans l'interrompre : « bureau pas bateau... c'est un sacré radeau ! »)*, que nous avons toutes eu l'heureuse surprise de recevoir une lettre… Immense surprise sauf Emilie ! Parce qu'elle était certaine d'être tirée au sort ! Une intuition ! Je croyais qu'elle bluffait tout à l'heure. Mais comme elle était certaine qu'Antonin ne serait pas là pour nous accueillir… Tu m'as perturbée, Emilie !

Emilie : - Moi ? La vérité ne doit jamais nous perturber ! Des forces nous dirigent et il faut parfois admettre notre modeste condition.

Aurélie, *pour elle, en se passant la main droite dans les cheveux* : - L'une plane, l'autre messianise, je devrais peut-être aller attendre Antonin dehors.

Delphine : - Je reprends mon histoire où je l'avais laissée : nous avons engagé la conversation. J'étais toute excitée... Et dans le taxi, mademoiselle me balance : « *Nous avons le temps, de toute manière il arrivera en retard, quand même toi tu ne penseras plus à lui...* » Ce qui m'a surprise, c'est de ne pas avoir été invitées à la même heure...

Odette, *qui plane toujours* : - Délicatesse d'Antonin. À chacune un accueil personnalisé, arrivées programmées avec un intervalle régulier...

Brigitte : - Personnalisé ?

Odette, *moins planante* : - Mais en plus d'Antonin, maintenant il manque Cécile ! L'ordre d'arrivée n'a pas été respecté, c'est la chienlit ! Général ! Réveille-toi, ils sont devenus fous !

Delphine : - Et le programme ? Quel est le programme ? L'incertitude c'était bien avant, on pouvait tout imaginer. Mais maintenant que nous sommes arrivées...

Odette : - Programme ! Le programme ! Mais Odette n'a qu'un rôle secondaire ! Je suis une simple salariée qui se mettra en grève un jour ! Tout reposait sur Antonin et vous, ravissantes lauréates !

Brigitte : - Il devait nous apprendre à écrire une chanson ?

Odette : - Apprendre à écrire une chanson ! J'aurai tout entendu dans l'ombre du boss ! Je n'ai pas dit du bossu ! Si je la retiens, je l'écrirai celle-là ! Dans mes mémoires. Les mémoires d'Odette ! « *Mémoires honnêtes mais pas nettes d'Odette.* » Sous-titré « *Antonin étonnant.* » J'ai déposé le titre à la Bibliothèque Nationale. Bref ! Il y a deux écoles : dans la première, les artistes se réunissent, picolent et griffonnent leurs divagations, et selon l'autre école, les solitaires s'enferment dans leur chambrette et attendent l'inspiration… c'est-à-dire qu'ils picolent seuls !

Brigitte : - J'ai essayé d'écrire des chansons… Mais on me répondait toujours que c'étaient des poèmes.

Delphine : - Si j'ai bien suivi, la différence entre une chanson et un poème, c'est le degré d'alcool dans le sang durant l'écriture.

Brigitte : - Tu crois qu'il m'aurait suffi de quelques verres de Malibu pour devenir auteur de chansons ?

Delphine : - Il n'est peut-être pas trop tard !

Brigitte : - J'ai apporté un petit poème, je ne sais pas si j'oserai le montrer. Mon rêve c'était qu'il le chante dans son prochain album… Mais à présent que je sais qu'une chanson et un poème ça n'a rien à voir…

Odette : - Lâche-toi ma grande, qu'on te répondrait dans le métier… Lâchez prise ! Zen ma fille ! J'ai tout ce qu'il te faut à la cave ! Pour tous les prix, pour tous les stress… J'en ai même des caisses, des brouettes, des bonbonnes, des bonbons et même de l'écorce de platane, (*en souriant*) c'est terrible, ce n'était pas naturel, mon parachute s'est refermé.

Aurélie : - Boire ou ne pas boire, telle est la chanson !

Brigitte : - Non, pas des chansons à boire, de belles chansons romantiques comme Antonin.

On sonne !

Odette, *soudain totalement dégrisée* : - J'espère que c'est elle ! Que nous retrouvions un peu d'ordre !

Elle va ouvrir (sans regarder par la fenêtre).

Odette : - Géraldine ! Déjà ! Et Françoise, qu'avez-vous fait de Françoise ? Et Cécile ?

Géraldine : - Je suis en avance… Ça pose un problème ?

Odette : - Mais non, mais non, entrez, entrez charmante princesse, Odette avec un O et des… Bon, je ne suis pas un perroquet, (*en les montrant*) voici Aurélie, Brigitte, Delphine, Emilie.
Delphine : - Et après cinq minutes, tutoiement autorisé, imposé ; cinq minutes d'apprentissage et bienvenue dans la grande famille. Je sens qu'on va s'amuser !
Géraldine : - Oh ! La première guitare !… Momina serait en bave devant !…
Aurélie, *s'effondre dans le canapé, pour elle* : - J'avais rêvé d'autre chose ! À la télé, c'est toujours tellement magique le show-biz ! Un orchestre avec cordes, un serveur aux gants blancs, champagne, caviar… Et ça n'a rien à voir avec mes rêves.
Géraldine : - Avec un quart d'heure d'avance, j'imaginais arriver la première ! Puisque j'ai décidé de venir, après avoir hésité… j'ai reçu la lettre le 22 mars au facteur et trois heures plus tard le mail de Momina m'annonçait quelque chose de désagréable à m'apprendre. Désagréable, je ne m'étais pas trop inquiétée, elle m'écrivait toujours *mon Amour*.
Delphine : - Momina, c'est un pseudo du web branché ?
Géraldine : - Momina est un prénom fréquent en Afrique du nord. Désagréable ! Euphémisme africain ! Elle était depuis des semaines l'amante du cynique et manipulateur Carlo, dès qu'il était disponible, elle courait se vautrer dans ses draps, tandis que je l'attendais en toute confiance, d'un Amour absolu… enfin je ne vais pas vous raconter ma vie !
Delphine : - Je vais vous expliquer, pour éviter le syndrome du Perroquet à Odette : notre arrivée fut programmée avec un intervalle régulier… Mais alors que nous sommes toutes en avance, Céline et Françoise ont raté leur tour.

Odette : - Cécile et Françoise ! La mémoire des prénoms est essentielle dans le show-biz !
Brigitte : - Peut-être seront-elles tout simplement à l'heure !
Odette, *regardant sa montre* : - J'ai la désagréable mission de vous informer que pour Cécile cette perspective est déjà irréalisable.

On sonne !

Toutes : - Ah !
Odette : - Mais laquelle ?! (*elle va ouvrir*) Oh non ! (*elle referme la porte brusquement, s'appuie contre elle, en hurlant « venez m'aider, des blousons noirs » et referme à clé en poussant un très long « oufff » puis après quelques secondes :)* Des blousons noirs, ce n'est pas le public d'Antonin ! Des fous, je les reconnais, ils ont des regards de dingues et pas d'appareil photo.
Aurélie : - Fausse alerte ! Il en manque toujours deux !
Géraldine : - Si j'ai bien compris, je devais arriver la dernière.
Delphine : - De toute manière il était inutile de nous hâter : Antonin a disparu.
Géraldine : - Comment disparu ? Kidnappé ? Enlevé ? On ne l'a pas annoncé à la radio.
Brigitte : - Il est simplement injoignable.
Aurélie, *en souriant, pour elle* : - S'il avait été garagiste, on aurait pu imaginer qu'il a été appelé pour une urgence.
Emilie : - Ne vous inquiétez pas, il réapparaîtra quand vous ne penserez plus à lui (*elle s'assied*).
Brigitte : - Bonne idée ! (*elle s'assied aussi*)
Delphine, *s'asseyant aussi* : - Mais elle va me faire flipper, avec ses prédictions, ses intuitions ou je ne sais quoi ! Le pire, c'est quand ça se réalise. Elle m'avait affirmé : « *Ne te presse pas, ton chanteur préféré ne sera pas là.* »

Brigitte : - Vous ne trouvez pas qu'on n'y voit rien dans cette pièce ?

Odette, *en détachant fortement chaque syllabe* : - In-ti-mis-te !

Delphine : - Ça va Odette ?

Odette : - J'imite le maîîîîîîîîîîître.

Brigitte : - Oh la rime ! On se croirait chez Racine !

Le portable d'Odette sonne. Toutes, sauf Emilie, se relèvent.

Odette : - Quand on parle du poète on entend sa... on entend sa ?

Brigitte : - Sonnette !

Odette : - Bien Bri... gette ! Il est le seul à connaître ce numéro, il m'a remis ce nouveau portable hier...

Delphine, *à Emilie* : - Je crois que pour une fois tu t'es plantée...

Emilie : - Ne sois pas aussi optimiste !

Odette : - Je vous raconterai...

Odette, *en décrochant* : - Antonin ! (...) Bonjour madame (...) Ce n'est pas grave j'espère (...) Mais je fais quoi ? (...) Et demain matin, avec les journalistes et le président du Conseil Régional ? (...) Bien madame.

Odette range son portable. Toutes la fixent.

Odette : - C'était sa vénérable et hystérique... historique épouse. Antonin ne pourra pas venir ce soir.

Un « oh » de déception générale. Sauf Emilie, souriante.

Odette : - Il y a bien une version officielle. Mais bon, je vous l'épargne. Comme si quelqu'un va croire une version officielle de madame.

Aurélie : - Les journalistes !

Odette : - Tu as tout compris !… Tu n'aurais pas un pied dans le show-biz ?

Aurélie : - Même pas un ongle.

Odette : - Un oncle te serait plus utile qu'un ongle… Mais Antonin sera là demain matin pour la photo souvenir et les télévions de caméras… les camés de tes visions… caméras de télévision.

Delphine : - On pourra au moins lui parler ?

Odette : - Rassurez-vous, il vous accordera l'intégralité du dimanche.

Aurélie : - Il faut retarder notre départ ?

Brigitte : - Mais moi je ne peux pas, mon train démarre à 10 heures 25. Quel drame !

Odette : - Une bonne nouvelle : j'ai l'autorisation de remonter de la cave sacrée quelques bouteilles de floc.

Delphine : - Du floc ?

Odette : - L'apéritif local. La renommée du sud-ouest. Personne ne connaît le floc ?

Géraldine : - Mais si au fait ! J'en ai bu une fois en vacances... Mais il ne faut pas exagérer, sinon on se met vite à dire et faire n'importe quoi !

Odette : - Floc et cacahouètes, ça promet les fillettes ! Parole d'Odette !

Rideau

Acte 2

Nombreuses bouteilles de floc vides sur la table. Les femmes assises. Lumières normales. Beuverie (sauf Emilie).
Régulièrement, jusqu'à la fin de la pièce, fuseront des exclamations, des paroles inaudibles (couvertes par la voix principale).

Odette : - Quand Odette boit, Odette dit n'importe quoi ! Ça c'est leur version officielle, dans le plus charmant des villages du sud-ouest, comme ils bavent à la télé quand l'Antonin est l'invité d'honneur.
Aurélie : - Pas tant d'honneurs que ça si j'ai bien tout suivi.
Odette : - Quand Odette boit, c'est comme si des portes à l'intérieur s'ouvraient. Je ne suis plus Odette secrétaire modèle (*toutes rient*). Odette secrétaire modèle condamne Odette cancanière. Et vice-versa !
Aurélie : - Cancanière, je n'y crois pas ! Tu ne nous as même pas expliqué comment un tirage au sort pouvait sélectionner sept femmes distinguées et presque équilibrées quand des millions de francophones ont envoyé leur plus belle photo et leur classement des plus belles chansons du millénaire.
Odette : - Ce n'est même pas son idée à lui ! C'était avant, du temps où il présidait une autre association, où il dirigeait « Woodstock du Sud-Ouest » ! C'est le coordinateur de cette grande usine à subventions qui lui a refilé l'idée. (*Odette se tait et devient sombre*)
Emilie, *doucement* : - L'idée…
Odette : - Parce que l'Antonin en avait marre : à chaque fois qu'une gamine lui ouvrait sa porte, il devait promettre de la prendre comme choriste, ou en première partie d'un concert. Je dis une gamine, on les sélectionnait 18-25 ans, sur photo naturellement !

Aurélie : - Forcément !

Odette : - Jamais moins de 18 ans, c'était une règle écrite dans le platane.

Aurélie : - Le marbre !

Odette : - T'es pas du sud-ouest, toi ! Ici, c'est le platane ou la pierre. Mais la pierre, ça casse la lame du couteau ! 18 ans, j'ai dit ! J'étais stricte là-dessus. Y'a bien eu une exception, mais la chanteuse avait falsifié sa carte d'identité, dans ce cas-là, on assume.

Aurélie : - Elle voulait simplement être chanteuse.

Odette : - Quand on fraude, on assume ! Elle assumait la brunette ! Waouh ! Ça déménageait ! Si elle réussit elle pourra écrire un best seller « *ma méthode pour percer*. »

Géraldine : - On a compris. Pas besoin d'un livre, une phrase suffit. Momina pourrait lui donner des conseils.

Odette : - S'il le faut, j'irai la tête haute en prison ! Bref… J'étais stricte là-dessus, 18 ans. Si l'état autorise 15 ans, pour moi, no problème, mais l'état a dit, donc Odette est stricte. La loi, c'est la loi. Je voulais pas retrouver l'Antonin traité comme un vulgaire… Comme un vulgaire… Depuis qu'un nom ne protège même plus des petits juges et leur acharnement à se payer le scalp d'une star. En Asie, le « french singer » faisait ce qu'il voulait, Odette n'allait jamais en Asie. Mais en France non, je ne veux pas devenir complice. En Asie, si tu veux, mais pas ici, Odette a des principes, sinon Odette démissionne !… Et réclame une augmentation pour revenir !

Emilie, *doucement* : - Qu'il la prendrait comme choriste…

Odette : - Alors ça créait un tas d'embrouilles, parce que l'Antonin, il a remplacé les choristes par des synthétiseurs.

Aurélie : - Forcément !

Odette : - Vous voulez savoir pourquoi ?

Aurélie : - Forcément !

Odette : - Personne ne devine ?

Delphine : - C'est moins lourd !

Géraldine : - C'est jamais en retard ? Pas comme les africaines !

Odette : - Madame a décrété, « *ça coûte moins cher* », alors monsieur a cédé. Madame en avait marre des ragots et madame est jalouse. Mais moi ça ne me gênait pas qu'on prenne toutes et tous la même chambre ! Pour une fois qu'on faisait des économies ! Elle n'est jamais contente ! Nous étions jeunes ! Et jeunesse a beaucoup de tendresses les soirs de concerts.

Delphine : - Ça j'en suis certaine, ce n'est pas écrit dans sa biographie, n'est-ce pas Aurélie !

Géraldine : - La vérité personne ne l'écrit, c'est comme cette histoire entre Carlo le crapaud et Momina. Africaine aussi a besoin de beaucoup tendresses quand elle passe trois mois en Ethiopie loin de son Amour.

Aurélie : - Forcément !

Géraldine : - Non pas forcément ! Quand on aime on sait attendre dans la dignité. On ne se lance pas dans la danse du vagin dès l'aéroport.

Aurélie : - Je répondais à Delphine.

Odette : - Et pour ses premières parties, en ce temps-là, il trouvait toujours des fils ou des filles à papa prêts à lui refiler de l'oseille pour avoir l'honneur de figurer sur la même affiche. L'oseille c'est une image. Madame tient les cordons de la bourse. La bourse du ménage et la bourse des voyages.

Aurélie : - T'exagères ! Il a la main sur le cœur !

Odette : - Mais le moteur de sa vie est ailleurs.

Aurélie : - T'exagères ! J'ai déjà entendu une chanteuse enthousiaste, elle jurait que faire la première partie d'Antonin, c'est extra, il donne des super conseils.

Odette : - Sûrement une qui avait ses raisons de parler ainsi ! Elle pourra écrire un livre aussi !

Delphine : - Mais j'ai rien compris à ton histoire. Tu devais nous expliquer pourquoi nous sommes là !
Odette : - J'y viens, j'y viens, mais sans l'historique, tu vas rien piger ma vieille.
Delphine : - Je pourrais être ta fille !
Odette : - Sois pas désagréable !
Aurélie : - Forcément !
Odette : - Odette comprend tout ! Tout ! Comme dit ma sœur, l'important c'est de comprendre, pas de montrer qu'on a compris !... Je vous la présenterai ma Clara, elle va passer... Elle veut connaître le résultat du prix d'Amérique.
Delphine : - Du prix d'Amérique ?
Odette : - Antonin chevauchant les juments !
Toutes : - Oh !
Odette : - Ah ma frangine, Clara clarinette, un peu vieille France mais elle me fait toujours rire, on se voit presque chaque semaine et pourtant on ne se raconte quasiment rien... elle était l'amante de Jef... Elle a perdu son mari et son amant la même année. Comme c'est triste tout ça... (*silence*)
Emilie, *doucement* : - Antonin...
Odette : - Oui, l'Antonin était encore un chanteur à disques d'or en ce temps-là.
Aurélie: - Il l'est encore ! J'ai lu dans...
Odette : - Si vous m'interrompez à chaque fois, les portes vont se refermer.
Toutes : - On t'écoute !
Odette : - Donc, c'est Jef (*elle se signe*) paix à son âme s'il en avait une, ce vieux roudoudou ! C'est lui qui lui a soufflé « *Tu devrais sélectionner des fans plutôt que des chanteuses.* » (*Odette sourit*)
Delphine : - Alors ? On voudrait rire aussi !

Odette : - Les fans sont encore plus connes que les chanteuses.
Brigitte : - Ça ne nous fait pas rire.
Odette : - Qu'il a répondu Antonin.
Aurélie : - Le con !
Odette : - C'est notre Antonin adoré, qui a répondu « *les fans sont encore plus connes que les chanteuses.* » Je vous rassure, il me considère moins secrétaire que fan.
Aurélie : - Tu ne lui as jamais mis trois claques ?
Odette : - Il les a eues… (*Odette devient sombre*) Mais rien, là vous ne saurez rien, vous ne saurez rien de ma vie privée. C'est entre lui et moi, cette histoire, c'est ma vie privée (*proche de pleurer, silence*). Sa première guitare, vous pouvez regarder le mur, vous ne la verrez pas !… Je lui ai fracassée sur la tête. Celle-là, ce n'est même pas la deuxième. La deuxième, c'est sa femme qui s'en est chargée. Tête à guitare qu'on l'a appelé durant des mois ! Il l'avait bien mérité.
Aurélie : - Le con !
Odette, *se reprenant* : - Mais c'était y'a si longtemps ! Ha ! Y'a contraception (*troublée*), conscription, prescription. Il lui reste une cicatrice sur la tête. J'ai frappé plus fort que sa femme. Il n'avait pas encore de moumoute !
Aurélie : - Quoi, Antonin est chauve ! Il a une perruque !
Odette : - Les portes vont se refermer !
Emilie : - Antonin a dit…
Odette : - Et l'année dernière, à l'enterrement de Jef, il m'a bredouillé. Il avait la larme à l'œil… Je suis certaine qu'il avait coupé des oignons avant ! C'est bien son style !
Aurélie : - Forcément !
Géraldine : - Mais non pas forcément ! On croirait entendre Momina et son « d'accord », elle te le sert à toutes les sauces et pour lui ce fut la totale : d'accord Carlo je viens chez toi en toute amitié, d'accord Carlo je n'en parle pas à

Géraldine, d'accord, elle ne pourrait pas comprendre notre merveilleuse fantastique et unique amitié, d'accord Carlo on se déshabille en toute amitié, d'accord Carlo caresse-moi amicalement, d'accord Carlo mais entre doucement, d'accord Carlo tu passes me prendre dès que tu as une nuit de libre...

Odette : - On la laisse tomber, une femme bête au point de coucher avec Carlo le crapaud !

Aurélie : - Carlo le crapaud ! Quel talent de la formule !

Emilie : - L'enterrement...

Odette : - Il m'a bredouillé : « c'est con, tu vois, j'ai pas eu le temps, j'ai pas eu le temps de lui dire que son idée de sélectionner des fans plutôt que de la chair à sacem, son idée, à lui, à lui qui ne sera plus là pour me couvrir devant ma femme, son idée géniale, j'en ai touché trois mots au président du Conseil Régional, et il nous subventionne, forcément ! Tu te rends compte, il saura jamais que son idée, le monde entier va la connaître... »

Aurélie : - Mais ce n'était pas le règlement, sélectionner des femmes ! Les hommes pouvaient participer.

Delphine : - Y'a même eu un tirage au sort devant les caméras.

Odette : - Si vous croyez les règlements et les films, vous êtes mal parties les filles.

Delphine : - Magouilles ici comme partout.

Aurélie : - Forcément ! Si je vous racontais comment ça se passe dans mon groupe !

Odette : - C'est moi qui tenais le caméscope ! Et sa fille a réalisé le montage, les coupures et tout, elle suit des études de cinéma, sa fille aînée, dans l'école la plus chère du pays forcément ! Et la télévision a été bien contente de pouvoir diffuser un reportage sans devoir se déplacer ! Et même gratuitement ! Enfin, quel beau voyage ils m'offrent en Martinique le mois prochain !

Géraldine : - Tu m'emmènes ?
Odette : - J'ai trois places… Tu me donnes combien ?
Géraldine : - Tu as des places gratuites et tu les revends !
Odette : - Forcément ! N'est-ce pas Aurélie, tout le monde se débrouille, forcément !
Aurélie : - Y'a eu de la magouille !?
Odette : - Une stagiaire a réalisé un premier tri : les hommes d'un côté, les femmes de l'autre. Les hommes au fond, les femmes au-dessus. Après il a fallu que je revoie toutes vos photos pour ne retenir que des « magnifiques femmes dont le prénom commence par les sept premières lettres de l'alphabet, A, B, C, D, E, F, G. »
Aurélie : - A comme Aurélie !
Brigitte : - B comme Brigitte !
Delphine : - Et pourquoi ?
Odette : - À cause de sa mémoire ! Aurélie au lit, Brigitte me prend la… (*éclate d'un rire nerveux*)
Delphine : - C'était une rime pauvre ? *(toutes rient sauf Brigitte vexée)*
Aurélie : - Alors c'est vrai, quand il chante, il utilise un prompteur ?
Odette : - Comment tu sais ça, toi ?
Aurélie : - Tu me l'as glissé tout à l'heure… juste après avoir glissé !
Odette : - Pas possible ! Quand Odette est saoule, elle se souvient de tout, à la virgule près. Et elle s'en souvient même après, alors elle s'enferme pendant quinze jours pour ne pas voir les catastrophes.
Aurélie : - Quand tu étais à jeun, quand je suis arrivée.
Odette : - Je ne suis pas responsable des propos d'Odette à jeun. Même pas coupable.
Géraldine : - Alors nous avons été choisies pour notre prénom et notre physique !
Odette : - Tu as tout compris ma belle !

Géraldine : - C'est plutôt un beau compliment.
Delphine : - Dire que ma mère a hésité entre Delphine et Rosalie !
Brigitte : - Oh ! Si mon mari savait ça ! Il a même envoyé une photo retouchée par Photoshop avec un sourire très Antonin. Il avait noté uniquement des chansons d'Antonin dans son classement des plus belles chansons du millénaire ! J'avais même corrigé ses fautes ! Il est fan encore plus que moi.
Aurélie : - Attends, attends, je commence à comprendre…
Brigitte : - Tu comprends quoi ?
Aurélie : - Nous étions convoquées à vingt minutes d'intervalle !
Odette : - Cinq minutes de présentation et le reste, déshabillage et rhabillage compris, le reste tient en un quart d'heure. Chrono en main, on a répété !
Toutes : - Oh !
Odette : - Après, ouste dans la salle de répétition, au piano si tu veux, la pièce est insonorisée, place à la suivante ! Comme au service militaire !
Delphine : - Le vieux roudoudou !
Brigitte : - Je suis choquée ! Comment a-t-il pu croire ! J'ai beau être fan, je sais rester digne. Il me déçoit.
Odette : - Aurélie au lit !… Je vous rassure, il avait prévu sa boîte de Viagra !
Toutes : - Oh !
Géraldine : - Pas de chance pour lui je préfère les filles ! Mais bon, pour faire payer à Momina de s'être tapé Carlo, pourquoi pas après tout ! 20 minutes aussi je croyais quand elle m'a avoué « *on s'est laissé submerger un soir.* » Mais c'était la version une, aujourd'hui on en est à quatre nuits passées entièrement nue dans son pieu et pas pour dormir, elle n'emmenait pas de livre alors que chaque soir je devais me taper une heure de lumière après le p'tit

câlin. Monsieur était un professionnel de la mise en condition, «*je lui ai bien rendu sa tendresse, ses caresses.* » Il la chauffait avant de la consommer. Et pas au micro-onde ! Excusez-moi, je crois que je ne vais pas bien.

Aurélie : - Pauvre Géraldine ! Un mec aussi m'a fait ça... La dignité doit être rare, tout fini peut-être en mensonges et trahisons...

Brigitte : - Ne me démoralisez pas ! Jamais je n'ai trompé mon mari et je n'en ressens aucun héroïsme, je l'Aime comme il m'Aime.

Géraldine : - Heureusement qu'il y a du floc pour oublier ! Et elle voudrait que j'arrête l'alcool !

Aurélie: - Ça te fait aussi mal que si un mec t'avait trompée.

Géraldine : - Une Géraldine peut être cocue aussi ! Elle m'avait pourtant affirmé « *t'inquiète pas, tout va bien se passer* », quand elle est partie en septembre. En plus elle est revenue en décembre avec la carte de ce type dans sa poche, tu te rends compte elle m'embrassait avec la carte de ce type dans sa poche, elle lui avait donné son téléphone d'Addis et son mail, comme une petite salope immature et impatiente d'être invitée au restaurant, une cocotte qui veut juste que le type fasse semblant de croire en sa vertu quelques minutes...

Odette : - Une cocotte-minute !

Géraldine : - Une cocotte qui veut qu'on lui donne sa dose de montée d'adrénaline et la fasse tomber dans les règles établies de la drague entre dépravés soucieux de s'afficher dignes et honnêtes. Je lui avais même parlé de se pacser malgré sa famille qui ne veut pas entendre parler de moi.

On sonne !

Odette : - Quand on parle du loup on entend... (*elle se lève, titube*)

Brigitte : - Son glouglou !
Aurélie: - Il sera des nôtres !
Géraldine : - Je ne bois pas par passion mais pour nettoyer la souillure qu'elle a ramenée en France !
Odette : - Je vous parie que c'est Cécile. (*elle ouvre*) Cécile, Sainte Cécile du samedi soir sur le floc, Cécile que nous attendions toutes, Cécile, responsable du premier désordre. On s'embrasse !

Cécile se laisse faire, observe, intriguée.

Odette : - Mais entre, mais entre, tu es des nôtres !
Cécile : - Je suis lauréate…
Delphine : - Mais nous aussi, qui plus est, nous avons vidé quelques bouteilles, et il t'en reste ! Du floc du sud-ouest ! Les frais généraux sont généreux.
Aurélie : - Mais ça dégénère.
Delphine, *en riant* : - Pourtant la nuit même les cellules grises se régénèrent !
Brigitte : - Antonin s'est volatilisé !
Emilie : - Antonin s'envolera !
Delphine : - Il va lui pousser des ailes ?
Emilie : - Comme dans une chanson de Barbara !
Delphine : - Tu me fais peur !
Odette, *jouant la grande dame* : - Mais que t'est-il donc arrivé, chère amie ?
Cécile : - Une crevaison.
Odette : - Et ça t'a mise autant en retard !
Cécile : - J'ai appelé les renseignements mais les garagistes du coin étaient tous sur répondeur. Durant des heures, les seuls types qui se sont arrêtés me proposaient d'appeler une remorqueuse et de m'héberger la nuit. Des types vulgaires, qui ne savent même pas qu'une femme doit se mériter.

Odette : - Quand on veut conduire une voiture, il faut suivre la formation « changement de roues ». Antonin me paye toujours le taxi, sur ça, y'a rien à lui reprocher.
Cécile : - Et c'est un camionneur qui me l'a changée. J'avais des préjugés défavorables sur les camionneurs, j'avais tort. Un gentleman : il a fait le boulot sans un mot. Un ange !
Aurélie : - Tu es encore aux anges, à voir !
Cécile : - Un merveilleux souvenir ! Dans ma situation, aucune femme n'aurait pu résister ! Un sourire à la Cantona ! J'en avais les larmes aux yeux ! Quelle émotion ! Avec des petites intonations italiennes : « *si mademoiselle a cinq minutes, nous pouvons discuter paisiblement dans la cabine, bien au chaud.* »
Delphine : - Ce n'est pas clair ton histoire, ça n'arrive plus, crever une roue, c'était au Moyen-Âge !
Aurélie : - Y'avait pas de voitures, au Moyen-Âge, ma vieille.
Cécile : - Je suis une victime de manifestations estudiantines. Hier ils ont balancé des bouteilles sur les CRS.
Aurélie : - Alors il faut qu'on trinque !
Delphine : - Vides, j'espère. Ils ne seraient quand même pas fous… Enfin, ils sont tellement riches les manifestants d'aujourd'hui, qu'un jour ils balanceront des bouteilles de Dom Pérignon. Juste pour narguer les journalistes stagiaires ! Et montrer qu'en France, non seulement on a les moyens de manifester, mais en plus une certaine élégance.
Aurélie : - C'est bizarre, j'avais eu la même idée quand les chanteurs ont manifesté contre le téléchargement gratuit de la musique sur internet.
Brigitte : - Je me souviens. Mais j'ai oublié son nom, à ce blondinet qui tendait son joint aux CRS. Il paraît que cette

photo, ça lui a rapporté un max de blé, ses ventes ont redécollé, encore plus que Gainsbourg quand il avait brûlé un gros billet à la télé.
Delphine : - C'est qui Gazbourg ?
Odette : - Antonin aussi a réussi un super bon plan média : avec Jef, nous avions organisé une super manif. Forcément spontanée ! On avait déplacé une de nos célèbres rencontres interprofessionnelles de la chanson française de qualité. Ils nous en avaient voulu les parigots, quand le 20 heures avait ouvert par un duplex avec le merveilleux petit village du sud-ouest « *où il y a ce soir plus de manifestants que d'habitants habituellement.* »
Delphine : - Mais pourquoi ont-elles cessé, ces rencontres ? Je me souviens, j'avais vu un reportage à la télé.
Aurélie : - C'est écrit dans sa dernière biographie : « *le monde de la chanson regrette que ce haut lieu de la formation, de la création, ait dû fermer, à cause de campagnes de presse scandaleuses, inacceptables.* »
Odette : - On nous a reproché nos subventions ! Trop d'argent dilapidé ! Pourtant, qu'est-ce qu'on se prenait comme bon temps avec Jef, on s'en est payé de super vacances sur le dos des subventions !
Aurélie : - C'était donc magouilles !
Odette : - Retire ce mot, sinon je range le floc ! Le monde de la chanson a ses traditions. Et la Cour des Comptes ferait mieux…
Aurélie : - Je n'ai rien dit !
Cécile : - Je peux poser une question ?
Delphine : - Je te répondrai si Odette nous a déjà confié le secret.
Cécile : - Ça se passe comment, ces vingt-quatre heures ?
Delphine : - Du floc, du floc et quelques bouteilles sans étiquette. Distillation secrète ! Une chambre personnelle dont le numéro correspond à l'ordre alphabétique A1, B2,

C3, donc Cécile 3, et demain Antonin pour les photos, les télés, le discours tant attendu du président du Conseil Régional. Et comme ça fait cinq minutes, tu peux poser ton sac, nous tutoyer, et venir trinquer…

Cécile s'avance, encore timide.

Emilie : - Ne t'inquiète pas, tu n'es pas obligée de boire ! Observer peut être très instructif !
Aurélie : - Pourquoi elle ne rattraperait pas son retard ?
Cécile : - Il est vrai que j'ai un petit creux. Avec toutes ces aventures, je n'ai pas même pris le temps de m'arrêter au restaurant, j'ai foncé.
Delphine : - Des cacahouètes bien salées vont te donner soif !
Cécile : - Je meurs de soif ! (*elle pose son sac et s'assied*)

On entend un klaxon américain devant la porte. Silence.

Odette : - Ma frangine ! La célèbre Clara dont je vous ai parlé. Elle tient un bistrot. À cette heure-ci, il ne reste que les derniers poivrots alors elle laisse le p'tit jeune au comptoir. (*elle se lève, va ouvrir*) Dépêche-toi, je vais attraper froid.

Entre Clara. Elles s'embrassent. Clara observe.

Clara : - Et l'Antonin ?
Odette : - Oh quelle histoire ! (*regardant les femmes assises :*) Pauvre Antonin ! Vous pourriez quand même respecter sa mémoire, arrêter de picoler cinq minutes !
Delphine : - Il n'est pas mort, ton champion, juste cloîtré !
Odette : - Cloîtré, tu as trouvé le mot juste ma belle. Elle est tellement jalouse sa femme ! Et elle a tout deviné.
Géraldine : - Jalouse, je ne l'étais même pas. J'avais une totale confiance. Mais loin des yeux loin du cœur. Loin

des yeux près de son pieu. Pour moi aussi, comme pour les autres.

Odette : - Y'avait pas besoin d'être une lumière pour comprendre. Elle est passée la semaine dernière, elle a feuilleté le dossier. Je l'avais pourtant caché. Et elle n'a pas pu se retenir de remarquer « *bizarre, quand même, sept femmes, en plus fraîches et mignonnes.* »

Delphine : - Elle n'a pas regardé le reportage télé ?

Odette : - Pauvre Antonin ! Il s'est sacrifié pour qu'elle ne le voit pas : devoir conjugal ! Il l'a honorée durant une heure comme une femme désirable.

Aurélie : - Elle a pourtant les moyens de se payer un peu de chirurgie esthétique !

Odette : - Au village, on la surnomme « la Jacksonnette », tellement elle est siliconée.

Aurélie : - Ce n'est pourtant pas écrit dans les biographies.

Emilie : - Mais tu crois vraiment aux biographies !

Aurélie : - Tu ferais mieux de boire !

Odette : - Pauvre Antonin ! Il doit fixer sa vallée illuminée de lampes solaires. Tout ça parce que sa Jacinthe a réussi à le persuader que briser son image de dernier romantique serait catastrophique. L'homme qui n'a aimé qu'une femme ! Et il chante les fleurs ! Jure sur le cœur qu'elle lui inspire toutes ses chansons. Comme c'est triste, une idole non maquillée !

Cécile : - Oh ! La première guitare du maître !

Delphine : - Ce n'est pas sa première guitare. Sa première, Odette la lui a fracassée sur la tête. Et elle a eu bien raison. S'il était là devant moi, il s'en prendrait une troisième.

Odette : - Delph, je t'interdis de colporter de tels ragots, c'est sa première guitare, point à la ligne.

Brigitte : - Comme elle est belle la première guitare du maître !

Géraldine : - T'es sourde ou tu ne tiens pas l'alcool ?! La première, Odette la lui a fracassée sur la tête. S'il débarque, il s'en prend une autre.
Odette : - Géraldine ! Même toi si belle et si douce, je vais devoir te priver de floc si ça continue ! Je t'interdis de colporter de tels ragots, c'est sa première guitare, point à la ligne.
Géraldine : - Si j'en avais la force ! Je n'ai même pas réussi à lui mettre trois gifles à cette Momina qui n'a même pas pleuré en avouant son indignité !

Rideau

Acte 3

Suite beuverie. On sonne.

Odette : - Mon Dieu ! Qui cela peut-il bien être !

Cécile : - Il en manque une, c'est donc elle !

Odette *compte* : - 1, 2, 3, 4, 5, 6, 7 (*elle se compte en septième*). Sept, le compte est bon.

Aurélie : - Sept moins un ?

Odette : - Six, à quoi tu joues ?

Clara : - Odette, reviens sur terre !

Aurélie : - Tu n'as pas gagné, tu es l'hôtesse ! Avec un O comme O…

Delphine : - Tocard !

Odette : - Tocard ?

Delphine : - Autocar, l'autocar est arrivé sans se presser. Un autocar à roulettes. Et s'il n'en reste qu'une ce sera la dernière, et la septième va décoller les étiquettes.

Odette : - Qui va là ?

Géraldine : - Cachez les bouteilles !

Cécile : - Je n'aurais pas dû rattraper mon retard.

On sonne de nouveau.

Odette, *se lève, se précipite, ouvre difficilement (la porte est fermée à clé)* : - Oh ! (*elle se tient à la porte*) Monsieur le commissaire ! (*elle sort et referme la porte*)

Géraldine : - Il est arrivé quelque chose à notre Antonin !

Aurélie : - Tu crois qu'ils l'ont retrouvé noyé dans le lac ?

Cécile : - Ecrasé par une de ses autruches !

Delphine : - Il s'est suicidé !

Géraldine : - Mort comme Félix Faure, dans les bras d'une courtisane.

Clara : - Ah Félix Faure ! Quel président ! Le pépé en parlait toujours en souriant ! Et on ne comprenait pas, on était jeunes. On reprenait en chœur « *il est mort, mort comme Félix Faure* » mais on ne comprenait pas !

Brigitte : - Si c'est ça, on va passer à la télé !
Aurélie : - T'aurais pas honte de profiter de sa mort pour réciter ton poème au journal de TF1.
Brigitte : - Je n'y avais pas pensé ! Mais si les journalistes m'interrogent je leur annonce une exclusivité mondiale.
Aurélie : - Du genre il m'a téléphoné hier pour me demander l'autorisation de mettre ce texte dans son prochain album !
Brigitte : - Je n'y avais pas pensé ! Tu ne travaillerais pas dans la pub ?
Géraldine : - C'est ce connard de Carlo qui travaille dans le marketing pour l'Union Européenne à Addis-Abeba, et il ne pouvait pas se contenter de Sophie, ouais Sophie, l'instit, il a fallu qu'il se tape une princesse black. Monsieur distingué s'offrait une blanche les jours pairs et une noire les jours impairs. Il faudrait que j'oublie ! Ce n'est qu'une petite erreur ! Trahir et mentir durant des mois, on en fait tous des erreurs !
Brigitte : - Tu penses à tes histoires de… de… alors qu'Antonin est peut-être raide !
Géraldine : - Excusez-moi, je ne vais pas bien.
Cécile : - La fidélité peut s'agrémenter d'un peu de piment ! Une aventure de temps en temps ressoude le couple !
Clara : - C'est c'qu'on dit pour justifier ses infidélités. Hypocrisie. Et quand c'est l'autre, on n'a que ses yeux pour pleurer. Vous me voyez, moi, pourtant dans un bistrot on en a des occasions, y'en a des hommes à consoler, y'en a des hommes qui savent causer, mon Jojo il est mort en sachant que j'ai toujours été irréprochable. (*de légers sourires, elles se souviennent des confidences d'Odette sur l'amant de Clara*) Et même encore aujourd'hui, j'y pense tous les jours, à mon Jojo.
Brigitte : - Odette, elle n'a jamais été mariée ?

Clara : - Elle tient trop à son indépendance, sa liberté, son libre arbitre, comme elle dit.
Aurélie : - Enfin raide, les femmes diront devant son cercueil !...
Brigitte : - Oh !
Aurélie : - Bin oui, enfin raide naturellement, diront celles qui savent qu'il prenait du viagra !
Géraldine : - C'est ce connard de Carlo qui prend du viagra.

Odette rentre.

Toutes : - Alors ?

Odette : - Rien ! Juste un gendarme ! Il a eu un appel d'une lauréate, une certaine Cécile, qui serait en retard !
Cécile : - Exact, j'avais téléphoné au commissariat !
Odette : - L'escroc, pour le service il m'a demandé une petite gâterie. Je n'ai pas pu lui refuser, c'est presque mon vagin, oups mon voisin ! Il a vingt-deux ans ! C'est une mode venue d'Angleterre, paraît-il, les femmes mûres dévoreuses de jeunes hommes. Et sa femme est une amie.
Clara : - Après tu t'étonnes que les journalistes écrivent n'importe quoi ! Tu ne peux pas t'empêcher de raconter des histoires abracadabrantes et je suis certaine que mesdemoiselles les croient.
Géraldine : - Il en a eu aussi des gâteries, son baratineur d'aéroport, alors qu'elle m'écrivait encore « *tu me manques.* » Pourtant il avait presque trois fois vingt-deux ans !
Brigitte : - Ah ! Donc tout va bien, ça m'a donné une de ces peurs !
Géraldine : - En tout cas, les vieux croûtons dévoreurs de chair fraîche, ça doit être universel, pas seulement pour les fonctionnaires italiens en poste en Ethiopie.
Cécile : - Ça manque d'hommes cette soirée ! Tu aurais pu me le présenter ! Pour une fois que je suis loin de mon mari !

Aurélie : - Même durant ma procédure de divorce, je n'aurais jamais osé être aussi directe !
Cécile : - Y'a des opportunités, il faudrait être folle de les louper ! Je suis une femme fidèle, amoureuse mais moderne et réaliste ! Dans certaines circonstances, les hormones ont leurs exigences.
Brigitte : - Revoilà la théorie « tout n'est que réactions hormonales ! » Exit conscience dignité et cohérence ! Comme tout cela serait triste si c'était vrai !
Odette : - On ne peut pas lui donner tort, ni lui en vouloir. Il fut d'une tendresse touchante, pas une parole ni un geste obscène. Il sait que dans le show-biz on a la tendresse facile.
Clara : - Il ne faut pas la croire !
Odette : - Mais tout le monde fait ça ! Je suis même certaine qu'il n'a pas l'impression d'avoir trompé Séverine.
Géraldine : - Comme sous le soleil d'Addis ! On va au restau et on prend le dessert jusqu'à sept heures du mat, vas-y pépère, profites-en, reprends de la figue, je suis à toi. Géraldine, Géraldine, tu me manques on écrit dans les mails mais on s'emmêle sans état d'âme. Elle m'a aussi baratinée avec ses hormones.
Aurélie : - Alors c'est vrai, c'est un milieu guère fréquentable, le show-biz ?
Odette : - On y vieillit vite : regarde-moi, j'avais 17 ans, et je les ai plus.
Aurélie : - Je te rassure, ça arrive aussi chez les comptables !
Odette : - Peut-être, mais elles ne s'en aperçoivent pas !
Aurélie, *à Delphine* : - Faut pas essayer de comprendre, Odette est gasconne.
Géraldine : - Franchement, ça fait au moins trois jours que j'ai arrêté d'essayer de comprendre ce qui se passe ici !

Aurélie: - Tu étais où y'a trois jours ?
Odette : - Moi, parfois, j'ai bien l'impression qu'une journée tient en trois secondes. Le contraire peut donc arriver aussi.
Géraldine : - À une époque on mettait le temps en bouteilles et parfois il en sortait un ogre, parfois il en sortait…

On sonne. Un bond général.

Aurélie : - Là c'est le retour des blousons noirs ! Où j'ai mis ma bombe lacrymogène ? (*elle fouille dans ses poches*)
Odette : - Silence les filles, quand le chasseur arrive, les biches se cachent.
Delphine, *plus bas* : - Tu es allée voir Bambi au cinéma ?
Clara : - J'en ai tellement servi des loubards, ne vous inquiétez pas, je sais leur parler. Ils savent qu'eux et moi on est du même côté.
Cécile : - Et on fait quoi ?
Odette : - Rassurez-vous, j'ai refermé à clé.

Nouvelle sonnerie.

Voix féminine du dehors (*uniquement les derniers mots compréhensibles*) : - … Ouvrez-moi !
Odette : - Sa femme ! C'est la fin du monde ! (*elle se signe, vide le fond de son verre*)
Delphine : - Entre femmes, on saura se comprendre.
Cécile : - Après tout, nous n'y sommes pour rien. Leurs histoires de couple ne regardent que les journaux.
Odette, *se lamente* : - Virée, virée sans indemnités ! Je l'avais bien pressenti, et sur qui ça va retomber, sur Bambi… sur bibi… Elle me paiera mes indemnités, sinon j'en ai à raconter ! Même si elle vient avec un huissier pour m'accuser d'avoir outrepassé les termes de mon contrat ! Elle ne m'a jamais aimée, la garce ! Je n'y peux

rien si son mec a un faible pour moi ! Je n'y peux rien s'il en pince pour mes cuisses !
Clara : - Odette, nous ne sommes pas seules !

La voix du dehors : - (*quelques mots incompréhensibles, puis*) C'est Françoise, je suis en retard.
Odette : - Françoise, Françoise ? Je ne connais pas de Françoise.
Delphine : - Elle veut nous embrouiller, c'est une ruse de pêcheur, de chasseur.
Géraldine : - Y'a des femmes chez les blousons noirs.
Clara : - Tu veux que je m'en occupe ?
Aurélie : - Six ! F 6 !
Brigitte : - Touché ? Coulé ? Mais où est le plan de la bataille navale ?
Delphine : - Les avions, ce sont des F16, je le sais, mon cousin…
Aurélie : - A 1 Aurélie, F 6 Françoise !
Odette, *euphorique* : - Ah Françoise ! Je vous le disais bien que ce n'était pas sa fêlée, sa femme !

Françoise : - Je suis la lauréate du concours.
Odette : - Je sais, je sais ! Mais j'ai quand même le temps de me lever ! Je suis en heures sups ! Je vais lui demander une prime de risques à l'Antonin.

Odette se lève, titube jusqu'à la porte et ouvre finalement.

Françoise : - Oh excusez-moi, je suis en retard !
Odette : - T'inquiète pas, y'a des réserves !
Delphine : - Hé ! La nouvelle !
Françoise, *timide* : - Je suppose que c'est moi que vous appelez !
Delphine : - Et je n'attendrai pas cinq minutes : tu es des nôtres, viens trinquer !

Odette : - Mais entre Françoise… Tu arrives au bon moment…. La nuit sera chaude !
Delphine : - Chaude !
Odette : - Il va me les payer mes heures sups !
Delphine : - En floc !
Odette : - Je ne suis pas du genre à tout déballer dans les journaux ni à demander d'être choriste ! Mais l'argent du travail, c'est sacré. Toute peine mérite salaire. Combien de fois je me suis levée ce soir !
Clara : - Sur ça, tu as raison. Si tu ne réclames pas ton argent, certains partiront sans payer.
Aurélie : - Et n'oublie pas de facturer les descentes à la cave !
Odette : - Parfaitement ! Et comme la chaudière est lancée, la nuit sera chaude ! (*plus discrètement à Géraldine près de qui elle s'assied :*) ça fait bien longtemps que je n'ai pas eu envie de faire un câlin avec une femme, mais faut que je te l'avoue, depuis que tu es arrivée je suis déstabilisée, y'a un truc en toi qui m'appelle et me fait vibrer. Je ne suis pas du genre à m'échauffer rapidement mais là, tu vois, je ne vais même pas te faire la grande scène de l'amitié… je te désire…
Géraldine : - Si tu insistes aussi gentiment…

Odette lui caresse les cheveux, le dos... Toutes les observent plus ou moins discrètement. Clara est très gênée.

Odette : - Si nous étions seules… j'oserais même passer une main en dessous…
Géraldine : - Si en plus tu m'offres un séjour à la Martinique…
Odette : - Tu passes vite de l'envie d'un peu de tendresse à l'envie d'une grande dynamique, d'une vraie liaison… Je ne dis pas non, les mecs sont tellement décevants.

Géraldine : - Et pourtant cette conne de Momina s'est laissée entuber. Elle avait besoin d'affection !

Odette : - Pense plus à elle ma belle, profite du temps présent en toute sincérité, en toute passion.

Géraldine : - Je me rappelle très bien, très très bien, de choses très bonnes, plus que bonnes… et je sais qu'elle m'Aime de nouveau…

Odette : - Tu vas en connaître d'autres.

Géraldine : - Elle voudrait presque mes chaleureuses félicitations : elle ne m'a pas trahi avec son gardien ni son chauffeur mais avec un dandy distingué au sourire enjôleur ! Un monsieur ! Un sophiste oui, un être fondamentalement mauvais, vide, prétentieux, né avec une cuillère en argent dans la bouche, vide malgré ses prétentions à la voie de la sagesse avec des séjours de prétendues retraites dans des monastères.

Odette : - C'est fini, ma princesse.

Géraldine : - Son petit trésor excisé… et elle l'a laissé souiller, elle le regrette à peine en plus, elle sait juste marmonner « *désolée, je croyais qu'on allait se quitter, je croyais que tu ne m'aimais plus vraiment, je croyais ne plus t'aimer à ce point, je croyais qu'on allait se séparer… désolée, il m'a déstabilisée, ça ne m'était jamais arrivé, j'ai été submergée, j'avais des douleurs atroces au ventre mais j'y allais… désolée…* »

Odette : - Ma princesse. (*elle la caresse de plus en plus*)

Aurélie : - Je crois qu'on va terminer la soirée sans notre cheftaine.

Brigitte : - C'est dommage de se scinder comme ça. On formait un bon groupe.

Aurélie : - La vertu n'est pas une notion universelle.

Brigitte : - Je me demande souvent quel plaisir les gens trouvent dans la trahison ?

Aurélie : - Si on se met à philosopher, on va finir par pleurer.
Clara : - Y'a des choses qui ne se font pas.
Cécile : - Nous ne sommes plus en 1910.
Clara : - Mais pas en public ! Et même si je ne suis qu'une modeste travailleuse, j'ai de la moralité.
Delphine : - Qu'est-ce qu'on pourrait faire d'autre ! Allez Françoise, viens essayer de comprendre !
Françoise : - Oui.
Emilie : - Tu te demandes où tu es arrivée ?
Françoise : - Oui.
Delphine : - Qu'est-ce qu'on pourrait faire d'original maintenant qu'on a trop bu ?
Cécile : - Chanter au pays de la chanson ! Ou se caresser au pays des caresses !
Françoise : - J'ai l'impression de ne pas tout comprendre.
Emilie : - Rassure-toi, tu n'es pas la seule ! Mais tu as la chance de pouvoir observer avec des yeux bien ouverts.
Clara : - Y'a des choses qu'on préférerait ne pas voir.
Cécile : - Un mec même pas terrible ferait l'affaire, alors que je n'ai aucune attirance pour les femmes, pourtant vous êtes charmantes !
Delphine : - Ça doit être hormonal, n'est-ce pas Brigitte...
Brigitte : - Je préfère me taire !

Géraldine : - Elle avait des choses désagréables à m'apprendre, qu'elle écrivait dans ses mails.
Odette : - C'est du passé ma princesse, sois dans l'instant présent, vis ce moment privilégié avec passion. Nous sommes ensemble en toute sincérité.
Géraldine : - Il l'appelait princesse et elle a passé quatre nuits nue dans son pieu à ce crapaud et à sept heures du matin, avant d'aller occuper son poste d'inutile privilégié buvant le sang de l'Afrique, il descendait sa conquête chez

elle, son escort girl quasi gratuite, et elle s'empressait de m'écrire un mail anodin.

Odette : - Tourne la page.

Géraldine : - Elle a même envisagé de faire sa vie avec, durant quelques jours. Mais pour lui elle n'était qu'une aventure de passage, une couleur locale à consommer, et elle aurait voulu qu'il reste son ami de cœur, et en plus me l'imposer. Ami de cœur, elle a osé m'écrire depuis !

Odette : - C'est fini tout cela, on s'est rencontrées et le monde s'est éclairci.

Brigitte : - On va chanter !

Aurélie : - Allez, sort ton merveilleux poème destiné au prochain album d'Antonin.

Brigitte : - Tu crois que je peux oser ?

Aurélie : - On aura au moins fini la soirée dignement.

Emilie : - Dormir pour être en forme demain ! La première levée touchera le jackpot !

Delphine : - T'es vraiment voyante ?

Brigitte, *à Aurélie* : - Oui, tu as raison, la dignité est de notre côté (*elle sort une feuille, la pose entre Aurélie et Emilie*) tenez, je la connais par cœur.

> *Elles entonnent, le plus mal possible,* « Qu'une fois »...
>
> On parle de l'Amour
> Qui ne serait plus
> Qu'une vulgaire chasse à courre
> Un jeu pratiqué nu
> On joue à l'amour
>
> On dit grand amour
> Quand on a trop bu
> Ou qu'on reste plus d'huit jours
> En étant convaincu

Que c'est pour toujours (*Odette se lève, tend la main droite à Géraldine qui la prend, se lève aussi, elles sortent main dans la main durant le refrain*)

Mais les rues sont pleines
De gens qui comme moi
N'ont dit qu'une fois
« Tu sais, je t'aime »

Rideau – FIN

Vous souhaitez jouer cette pièce ?

Contactez Stéphane Ternoise sur :

http://www.ternoise.fr

Stéphane Ternoise

À 25 ans, Stéphane Ternoise a quitté le confortable statut de cadre en informatique (qui plus est dans le douillet secteur des assurances), pour se confronter à son époque, essayer de vivre de sa plume en toute indépendance. Il redoutait de finir pantin d'un grand groupe où même les maisons historiques peuvent se retrouver avec Jean-Marie Messier ou Arnaud Lagardère comme grand patron.
Stéphane Ternoise est auteur-éditeur depuis 1991, devenu spécialiste de l'auto-édition professionnelle en France. Il créa « logiquement » http://www.auto-edition.com en l'an 2000, une activité alors quasi absente du web !
Son éclairage sur l'univers de l'édition française a rapidement suscité quelques difficultés, dont une assignation au Tribunal de Grande Instance de Paris, en juin 2007, par une société pratiquant le compte d'auteur, finalement déboutée en septembre 2009.

Dans un relatif anonymat, avant la Révolution Numérique, l'auteur lotois a néanmoins réussi à publier 14 livres en papier, à continuer en vivant de peu. Depuis 2005, ses livres étaient également en vente, marginale, en version numérique. Il s'agissait d'abord de simples PDF.
L'auteur-éditeur a consacré l'année 2011 à la réalisation de son catalogue numérique, publiant ainsi ses pièces de théâtre, sketchs et textes de chansons en plus des romans, essais et recueils adaptés aux formats epub et Mobipocket Kindle...

La multiplication des questions et l'information approximative balancée sur de nombreux blogs par de néo-spécialistes de l'auto-édition autopublication, l'ont décidé à écrire sur cette révolution de l'ebook. Le guide l'auto-édition numérique est ainsi devenu son web best-seller !

Depuis octobre 2013, et son « identifiant fiscal aux États-Unis », son catalogue papier tend à rattraper celui en pixels.
Il convient donc de nouveau d'aborder l'auteur sous le biais de l'œuvre. Ainsi, pour vous y retrouver, http://www.ecrivain.pro essaye de fournir une vue globale. Et chaque domaine bénéficie de sites au nom approprié :

http://www.romancier.org
http://www.parolier.org

http://www.essayiste.net

http://www.dramaturge.fr
http://www.lotois.fr

Vous pouvez légitimement vous demander pourquoi un auteur avec un tel catalogue ne bénéficie d'aucune visibilité dans les médias traditionnels. L'écriture est une chose, se faire des amis utiles une autre !

Catalogue

Romans : (http://www.romancier.org)
Le Roman de la révolution numérique **également sous le titre** *Un Amour béton*
Ils ne sont pas intervenus (le livre des conséquences) **également sous le titre** *Peut-être un roman autobiographique*
La Faute à Souchon ? **également sous le titre** *Le roman du show-biz et de la sagesse (Même les dolmens se brisent)*
Liberté, j'ignorais tant de Toi **également sous le titre** *Libertés d'avant l'an 2000*
Viré, viré, viré, même viré du Rmi
Quand les familles sans toit sont entrées dans les maisons fermées

Edition (http://www.auto-edition.com)
Le guide de l'auto-édition, papier et numérique
Le manifeste de l'auto-édition - Manifeste politico-littéraire pour la reconnaissance des écrivains indépendants et une saine concurrence entre les différentes formes d'édition
Écrivains, réveillez-vous ! - La loi 2012-287 du 1er mars 2012 et autres somnifères
Le livre numérique, fils de l'auto-édition
Réponses à monsieur Frédéric Beigbeder au sujet du Livre Numérique (Écrivains= moutons tondus ?)
Comment devenir écrivain ? Être écrivain ? (Écrire est-ce un vrai métier ? Une vocation ? Quelle formation ?...)
Copie privée, droit de prêt en bibliothèque : vous payez, nous ne touchons pas un centime - Quand la France organise la marginalisation des écrivains indépendants
Alertez Jack-Alain Léger !

Théâtre : (http://www.dramaturge.fr)
La baguette magique et les philosophes
Neuf femmes et la star
Avant les élections présidentielles
Les secrets de maître Pierre, notaire de campagne

Deux sœurs et un contrôle fiscal
Ça magouille aux assurances
Pourquoi est-il venu ?
Amour, sud et chansons
Blaise Pascal serait webmaster
Aventures d'écrivains régionaux
Trois femmes et un amour
Chanteur, écrivain : même cirque
« Révélations » sur « les apparitions d'Astaffort » Brel / Cabrel (les secrets de la grotte Mariette)
J'avais 25 ans

Pour troupes d'enfants :
Les filles en profitent
Révélations sur la disparition du père Noël
Le lion l'autruche et le renard
Mertilou prépare l'été
Nous n'irons plus au restaurant
Recueils :
Théâtre peut-être complet
La fille aux 200 doudous et autres pièces de théâtre pour enfants
Théâtre pour femmes

Chansons : (http://www.parolier.info)
Chansons trop éloignées des normes industrielles
Chansons vertes et autres textes engagés
Parodies de chansons - De Renaud à Cabrel En passant par Cloclo et Jacques Brel
Chansons d'avant l'an 2000
Vivre Autrement (après les ruines), l'album invisible...

Photos : (http://www.france.wf)
Cahors, 42 inscriptions aux Monuments Historiques
La disparition d'un canton : Montcuq
Montcuq, le village lotois
Cahors, des pierres et des hommes. Photos et commentaires

Limogne-en-Quercy Calvignac la route des dolmens et gariottes
Saint-Cirq-Lapopie, le plus beau village de France ?
Saillac village du Lot
Limogne-en-Quercy cinq monuments historiques cinq dolmens
Beauregard, Dolmens Gariottes Château de Marsa et autres merveilles lotoises
Villeneuve-sur-Lot, des monuments historiques, un salon du livre... -Photos, histoires et opinions
Henri Martin du musée Henri-Martin de Cahors - Avec visite de Labastide-du-Vert et Saint-Cirq-Lapopie sur les traces du peintre
L'église romane de Rouillac à Montcuq et sa voisine oubliée, à découvrir - Les fresques de Rouillac, Touffailles et Saint-Félix
Cajarc selon Ternoise

Livres d'artiste (http://www.quercy.pro)
Quercy : l'harmonie du hasard
Lot, livre d'art
Montcuq, livre d'art
Quercy Blanc, livre d'art
Montaigu de Quercy, livre d'art
Quercy : l'harmonie du hasard
La beauté des éoliennes
Golfech, c'est beau un village prospère à l'ombre d'une centrale nucléaire
Jésus, du Quercy

Essais **(** http://www.essayiste.net **)**
Ya basta Aurélie Filippetti !
Amour - état du sentiment et perspectives
Contrairement à Gérard Depardieu, dois-je quitter la France ?
Cahors, municipales 2014 : un enjeu départemental majeur
Quand Martin Malvy publie un livre : questions de déontologie

Politique : (http://www.commentaire.info)

Ce François Hollande qui peut encore gagner le 6 mai 2012 ne le mérite pas

Nicolas Sarkozy : sketchs et Parodies de chansons

Bernadette et Jacques Chirac vus du Lot - Chansons théâtre textes lotois

Affaire Ségolène Royal - Olivier Falorni Ce qu'il faut en retenir pour l'Histoire - Un écrivain engagé, un observateur indépendant

François Fillon, persuadé qu'il aurait battu François Hollande en 2012, qu'il le battra en 2017

Notre vie (http://www.morts.info)

La trahison des morts : les concessions à perpétuité discrètement récupérées - Cahors, à l'ombre des remparts médiévaux, les vieux morts doivent laisser la place aux jeunes...

Cahors : Adèle et Marie Borie contre Jean-Marc Vayssouze-Faure - Appel à une mobilisation locale et nationale pour sauver les soeurs Borie...

Jeux de société

http://www.lejeudespistescyclables.com

La France des pistes cyclables - Fabriquer un jeu de société pour enfants de 8 à 108 ans

Le bon chemin pour Saint-Jacques-de-Compostelle

Divers :

La disparition du père Noël et autres contes

J'écris aussi des sketchs

Vive les poules municipales... et les poulets municipaux - Réduire le volume des déchets alimentaires et manger des oeufs de qualité

Le Martyr et Saint du 11 septembre : Jean-Gabriel Perboyre

En chti : (http://www.chti.es)
Canchons et cafougnettes (Ternoise chti)
Elle tiote aux deux chints doudous (théâtre)

Œuvres traduites (http://www.traducteurs.net)
La fille aux 200 doudous :
- *The Teddy (Bear) Whisperer* (Kate-Marie Glover)
- Das Mädchen mit den 200 Schmusetieren (Jeanne Meurtin)

- Le lion l'autruche et le renard :
- How the fox got his cunning (Kate-Marie Glover)
- Mertilou prépare l'été :
- The Blackbird's Secret (Kate-Marie Glover)

- La fille aux 200 doudous et autres pièces de théâtre pour enfants (les 6 pièces)
- La niña de los 200 peluches y otras obras de teatro para niños (María del Carmen Pulido Cortijo)

Chansons - Cds :
(http://www.chansons.org)
Vivre Autrement (après les ruines)
Savoirs
CD Sarkozy selon Ternoise (parodies de chansons, 2006)

Mentions légales

Tout écrivain sait qu'il doit aussi aider les internautes à le découvrir !
http://www.ecrivain.pro

Dépôt légal à la publication au format ebook du **23 novembre 2011**.

Imprimé par CreateSpace, An Amazon.com Company pour le compte de l'auteur-éditeur indépendant.
livrepapier.com

Onze femmes et la star – Pièce de théâtre destinée aux troupes de onze comédiennes **de Stéphane Ternoise.**
ISBN 978-2-36541-617-7
EAN 9782365416177

www.ingramcontent.com/pod-product-compliance
Lightning Source LLC
Chambersburg PA
CBHW061251040426
42444CB00010B/2357
* 9 7 8 2 3 6 5 4 1 6 1 7 7 *